A TI, MUJER

María Dolores Cacabelos Moares

A ti, mujer

MARÍA DOLORES CACABELOS MOARES

bubok
EDITORIAL

© María Dolores Cacabelos Moares
© A ti, mujer

Marzo 2024

ISBN papel: 978-84-685-8061-6
ISBN ePub: 978-84-685-8060-9

Depósito legal: M-7684-2024

Editado por Bubok Publishing S.L.
equipo@bubok.com
Tel: 912904490
C/Vizcaya, 6
28045 Madrid

Dedicado a todas las mujeres del mundo, en especial a mi mamá, que ha sido siempre amor y dedicación, sin queja, siempre dispuesta.

Gracias, mamá.

A ti, mujer, que estás
leyendo este libro,
¡quiero celebrarte!

Quiero celebrarte
porque, aunque te sientes derrotada, confundida,
culpable y quien sabe cuántas cosas más,
la vida es significado.
Y el significado es el que tú
quieras darle.

Si hoy estás ausente, apagada,
y sin una explicación del porqué,
te pido que te pares un momento y vuelvas atrás la
mirada.
Si en este momento en que en la sociedad todo va
en vivir el presente, el aquí, ahora, bla, bla, bla,
pero nadie te dice cómo hacerlo.

¿Cómo se puede vivir el presente?
Si el presente es que te sientes atrapada, derrotada;
cuando todo lo que creías que construías se ha
caído, todo lo que dabas con todo tu corazón se ha
destruido, todo en lo que derrochaste tu energía,
parece que no sirvió de nada.
Quien creías era tu amigo,
resulta que no es tanto.
Algunos familiares
hasta dejaron de serlo:
algunos hasta te reclaman
como si no tuvieras el derecho.
Algunos ni siquiera se darán cuenta.
Y no te sientas mal,
cada uno está con su vida.

Algunos te acusarán
y otros, sin tanto coraje, hablarán de ti entre ellos;
la verdad es que la mayoría nunca te ha querido por
quien eres dentro de ti; solo eras importante en sus
vidas por todo aquello que les aportabas.
Pues aquí, en este momento, es cuando debes
celebrarte.
¡Porque despertaste!
¡Sí, duele mucho!
Pero despertaste y ahora empiezas a ser tú
aunque aún no lo ves.
¡No me creas, pruébalo!

Párate un momento,
coge papel y lápiz y escribe todo lo que hiciste,
todo lo que ofreciste a otros:
sonrisas, compañía, apoyo,
motivación, ilusión, llamadas,
mensajes, felicitaciones;
abrazos, regalos, paseos.

Todo esto que tú dabas con amor, incluso sin
saberlo,
todo esto ha cambiado emociones en los demás,
Es que hacías a diario
sin ser consciente
cambió el sentir de muchas personas.

Puede que nunca te lo digan.
Es algo que me cuesta creer personalmente;
se supone que el humano es un ser racional.
Se supone que sabemos sentir, hablar, abrazar, etc.,
pero ¡nos hemos olvidado!

Sé que aún no lo puedes ver,
sé que te sientes perdida, pero créeme,
llegará el día y te darás cuenta de que todo esto
es parte del proceso
y de esta derrota sacarás la fuerza
para crear una mejor versión de ti misma.

Cuando te sientas preparada,
apúntalo todo y verás lo bonita que eres.
¡Hazlo!
Para cuando termines, quiero que te levantes y te
veas al espejo y te des las gracias por todo.

Quiero que celebres el momento que vives
aunque sea muy doloroso ahora.
Frente del espejo, viéndote a los ojos directamente di:
«Gracias por esta tormenta que estoy viviendo,
porque saldré de ella más fuerte y capaz».
¡Es como si fueras oruga y te estuvieras
transformando en mariposa!, ¿lo entiendes?

¿Lo sientes?

Confía en ti.
Cree en ti.
No pasa nada si ahora necesitas esconderte del
mundo y llorar,
¡debes hacerlo, es bueno!

No pasa nada si sientes que estás perdida y sin
rumbo,
no pasa nada si sientes que la piel se te abre,
si sientes que te falta el aire,
si sientes que nadie entiende lo que te pasa.
Créeme, no pasa nada.

¡Para!
¡Para

y llora!

Tómate tu tiempo.
¡No escuches a nadie!... ¡Llora!

Y cuando tengas un poquito de fuerza
respira profundo,
levántate,
date una ducha,
arréglate,
píntate los morros,
haz memoria de todas las cosas que escribiste
(mencionadas anteriormente).

Dibújate una sonrisa y ¡adelante!

Haz una lista de las personas
que son importantes para ti
y no te olvides de ponerte de primera en la lista.

Haz un pequeño resumen de aquellas cosas que te
gustaría hacer en tus próximos doce meses.
Y no te cortes,
todo es posible,
¡todo te lo mereces!

Cuando termines,
reúne de la lista
las cosas que más te aportarán a ti como persona
única,
y de esto decide qué puedes hacer cada día de tu
vida para conseguirlo.

Desde aquí,
si te haces totalmente responsable de ello,
podrás ver el cambio en tu vida.
Todo se moverá a tu favor.
Y no quiero que me creas.
Quiero que lo pruebes.
Y recuerda que no debes esperar nada de nadie, solo
de ti.

Solo debes esperar dar lo mejor de ti en cada paso,
lo mejor de ti en cada acto,
lo mejor de ti en cada interacción con otros,
y tu camino se abrirá.
Y quien quiera acompañarte se quedará contigo.
Y quien no, se apartará de ti poco a poco…

Aprende a respirar,
aprende a creer en ti.
Aprende que todo sucede por una razón mayor
que puede que no la entiendas ahora,
pero luego atarás cabos y lo entenderás todo.

Se abrirá un nuevo mundo para ti.
Todo empieza en ti.

Lo único que te pido es que te celebres cada día…

~ un café a solas en una terraza al sol
~ un buen libro en un banco en el parque
~ un baño caliente
~ una sonrisa al niño que juega cerca de ti
~ un buenos días al conductor del bus, camino del trabajo
~ un gracias a la dependienta del súper
~ un paseo por la playa contigo misma
~ un helado un día de lluvia
~ una mariposa que revolotea
~ el cielo precioso al despertar
~ un ratito en silencio contigo misma en el sofá, sin tele, sin móvil; solo tú contigo, en silencio

…¡y podría seguir!

Pero lo que trato de hacerte entender es que hay
millones de cosas y momentos que celebrar,
y cuantas más celebres,
más tendrás para seguir haciéndolo.

Sigo diciéndote que no quiero que me creas.
No quiero que este sea un libro más que leíste.
Quiero que lo incorpores a tu vida y, si quieres,
puedes volver a leerlo cuantas veces necesites.
Quiero que esta sea tu forma de vivir…

¡Celebrando tu vida!

Celebrándote a ti por quien eres.

Cuando lo hagas, el mundo se abrirá ante ti y
empezarás a sentir el amor propio del que todo el
mundo habla, pero nadie dice cómo construirlo,
Pues así se construye,
con pequeños pasos,
pequeños gestos diarios.
Y llegará el día que sientas que aprendiste a
quererte.
A decir no a cosas que no te dan paz.
A ser tú de verdad.
Y cuando estes ahí, en este momento,
sentirás que aparecen en tu vida nuevas
oportunidades.
Nuevas personas.

¿Sabes por qué?
Porque ahora
sabes quién eres.
Sabes cuánto vales.
Sabes lo que te mereces.
Pues esto es vivir.
¡Y no aceptes menos!

Es así como nacemos:
felices, conectados, amables,
cariñosos, emocionados con las maravillas del
mundo;
entusiasmados cada vez que descubrimos algo
nuevo, felices de existir…

Pero los adultos nos hacen adentrarnos en su mundo
de prisas, de enfado, de televisión; de no te mereces
esto, lo otro.

La sociedad, con su negocio del miedo, nos quita la
ilusión, nos hace creer que vivimos en un mundo
horrible.
No caigas en eso, enfócate en ti y en lo que tú
puedes mejorar. Primero hazlo desde el corazón.

¿Cómo?
Desde por la mañana, háblate bien.
Decide que vas a ir a ese trabajo y que lo harás bien
y feliz,
porque aunque deseas algo mejor en tu vida,
eso es lo que tienes ahora y lo agradeces.

Háblate bien en cada momento y espera siempre el
mejor de los resultados en todo lo que hagas o digas,
siempre con amor y respeto.

Cuando alguien te haga un mal comentario o un ataque, no reacciones. Imagina cuánto dolor y rabia puede haber en una vida para que alguien pueda decir o hacer algo tan cruel, porque ya sabes que las personas dan lo que tienen adentro.

Esto ya lo sabes. Aprende a enfocarte en ti misma.

No vayas a esa fiesta que no te apetece por mucho que se molesten contigo; no aceptes esa invitación a ese evento que no te aporta nada y di claramente «No me apetece ir».

No busques excusas para no molestar; agradece la invitación, pero aclara que en otro momento sí, pero ahora no.

Y da igual si cambias algo que a otros les parece guay por quedarte en casa y darte un baño o una siesta o leer un libro o lo que sea que a ti te apetezca más. Declara que eres tú contigo, y eso para ti es mejor.

Al principio te sentirás rara. Hasta te sentirás culpable o malagradecida, pero será un gran paso hacia tu amor propio.
Y si ya eres madre, este es el mejor de los ejemplos para un hijo o hija.

Ojalá seamos, a partir de hoy, un poco más consciences; y en vez de ver tanta basura en la tele, dediquemos ese tiempo a educarnos para ser mejores personas. Esto nos llevará a ser mejores padres y madres y evitaremos crear heridas en nuestros hijos. Es la única forma real de evitar que sufran lo que nosotros hemos sufrido.

Y esto no significa que nuestros progenitores la hayan cagado. Han hecho un trabajo maravilloso si es que podemos ver la vida que a ellos le tocó vivir. Nos han dado las oportunidades que ellos hubiesen querido tener en su día, cada uno dentro de sus posibilidades.
Y si adentro de nosotros somos capaces de ver sea lo que sea que nos haya tocado vivir, debemos dar gracias, porque gracias a tanta mierda que piensas que has vivido, créeme, eso ha sido exactamente lo que tenías que vivir para crearte a ti misma, para ser quien eres hoy y para poder sentir así de bonito como sientes.

Hoy, todos tenemos acceso a información.
Hay libros que enseñan de todo: a amarse, a conseguir mejor futuro, cómo construir mejor economía, cómo ser más valioso, cómo ser mejor padre, cómo…
Solo hay que cambiar las prioridades, y la primera prioridad eres tú.
Si tú estás bien, todo a tu alrededor está bien.
Todos sabemos dónde está la consulta de ese especialista tan bueno del que todo el mundo habla, y hay un especialista para cada tipo de asunto que quieras solucionar. Solo se trata de tomar conciencia, hacerse responsable de la propia vida y tomar mejores decisiones.

Y sí, ya conocemos todas las excusas universales:

~ no puedo
~ no tengo tiempo
~ no tengo dinero
~ ahora no, mejor más adelante
~ es que voy a tener que cambiar…
¡Claro! Es que es más fácil vivir criticando al vecino, viendo programas basura y jugando con pantallas… Así no hay que hacer nada.
¿Y cuando nuestro cuerpo empiece a mostrarnos la realidad?
¡Porque lo hará!

¿Cómo?
~ cambios de peso
~ dolor de cabeza recurrente
~ insomnio
~ cansancio
~ problemas de piel…

En definitiva, lo que tú no resuelves en tu vida, tu cuerpo te lo acabará mostrando.

Aunque también hay excusas para esto:

~ es la edad
~ las calorías
~ no descansé
~ es que…, es que…

Y lo mejor es que esperamos que un medicamento milagroso nos quite esa enfermedad porque así no tenemos que buscar la verdadera razón que la causa.

Quiero que seas consciente que desde niños hemos escuchado cosas y hemos visto comportamientos que nos han hecho creer lo que podemos o no podemos hacer y lo que nos merecemos o no. Pero hoy estas aquí. Eres una mujer adulta y preciosa y ya toca cambiar esa historia de mierda y cambiarle el final.

¿Te atreves?
¿Te sientes capacitada para ser feliz?
¿O vas a seguir dando pena?

Si no puedes sola, pide ayuda profesional y no te rindas; no entres en angustia pensando que todo te pasa a ti. No.
Te pasa para ti.

Empieza a buscar la verdad dentro de ti, deja de contarte mentiras a ti misma y empieza a darte amor y te encontrarás.

Quizá diste demasiado a otros y por un tiempo te olvidaste de ti. Toda esta tormenta que vives ahora es para encontrarte a ti misma, es para que aprendas a vivir dentro del caos y sonreír desde el alma en cuanto seas capaz de vivir en paz a pesar de la tormenta. Y agradecer que sigues viva, que tienes brazos y piernas, que puedes respirar, que puedes ver el cielo al despertar, que puedes y sabes disfrutar de un ratito para ti cada día. Que habrá quien envidie tu ser.

Entiende que hay personas que no entenderán jamás
por qué sigues de pie…
Sigues de pie porque no te dejas vencer, porque no
te rindes
ni lo harás jamás.
Y eso no significa que a ratos no necesites estar sola,
que a ratos quieras llorar, que a ratos parezca que se
te desgarra el alma.

Yo sé de qué material estás hecha.
Yo sé que lloras en la ducha para que nadie te vea,
y ese es tu mayor valor,
El valor de que, sabiendo que duele, te esfuerzas por
continuar porque has decidido buscar tu razón para
continuar y no quedarte en esa vida convencional
de hacer lo que se espera de ti, repitiendo una vida
una y otra vez y sin sentido.
Has decidido seguir tu sueño y perseguirlo, aun
con miedo, porque hoy eres un ejemplo para otras
mujeres,

Aunque no te lo digan, dentro de nosotras deseamos
ser como tú. Y cada vez que te cruzamos por la calle,
desearíamos preguntarte
cómo lo haces,
Pero el ego, a veces, ya sabes…

Te reto a que continúes.

A que te hables con amor a ti misma.

A que, cada vez que te levantes, agradezcas tu existir.

A que cuando te veas al espejo te digas cuán bonita eres.

A que cuando salgas a la calle cada día, disfrutes el color del cielo.

A que disfrutes del cantar de los pájaros.

A que de camino al trabajo te digas:

«Hoy tengo la oportunidad de ir al trabajo y ofrecer lo mejor de mí a los demás». Hazlo cada día.

Aunque ese trabajo no sea el que quieres para tu futuro, agradécelo hoy porque es el vehículo para llegar a donde quieres.

Aunque aún no te sientas guapa, mírate al espejo y dite que estás bonita, que puedes sonreír. Con el paso de los días, te sentirás bonita de verdad.

Agradece tu vida. Cada día, cada instante. Este es el secreto, no hay otro.

El secreto es agradecer cada momento de tu vida y celebrarte a ti misma cada día.

Las primeras semanas tendrás que obligarte, porque nuestro cerebro está más cómodo en la queja constante, pero a medida que pasen las semanas, verás que con esta nueva forma de vivir y sentir y el mundo se abrirá ante ti de a poco.

Te doy la garantía de que, si incorporas esto a tu vida, te convertirás en alguien maravilloso, te convertirás en ti misma…

Y eso es precioso.

¿Sabes por qué?

Porque ya lo eres, solo que no te lo permites.

En algún momento en tu vida te prohibiste ser tú, quizá para no molestar a otros, quizá porque estabas harta de sufrir y decidiste colocarte una coraza enorme y rígida para que nadie más te dañara.

Y está bien, todo está bien, pero es hora de ir quitando capas a esta coraza y permitirte sentir y vivir tus días desde el amor y la prosperidad, desde la felicidad y la luz.

Y quien no guste, que no mire. Es tu vida, solo tienes una. ¡Disfrútala! Y vívela como quieras. Sin dañar a nadie, ¡vive!

Llora todo lo que necesites, quédate a solas todo lo que quieras, tómate el tiempo que desees, y cuando sientas el mínimo de fuerza, levántate y prueba poner en tu vida todo lo que ya te conté.

¡Celébrate, corazón!

¡Levántate!

Y construye tu vida.

Empieza por lo que te dije al principio de este libro,
lo escribí para ti.
Levántate y programa tus días.
Al principio, te costará un poco,
te hará falta decisión y una agenda para apuntar
todos tus días y obligarte, pero según pasen las
semanas, serás capaz de hacerlo con naturalidad.

Te reto a que te obligues un par de semanas, pero en secreto; no se lo cuentes a nadie.

Espera a ver cómo los demás sienten el cambio.

Empezarán a decirte qué bien se te ve y qué bonita estés, y a qué te dedicas, y que te ves genial.

¡No lo cuentes!

Céntrate en ti.

¡¡Y quiero que te celebres!!

Es muy importante que te celebres.

Cada día.

Que celebres que estás viva.

Y celebrarte no significa que tengas que hacer algo grande,

¡No!

Solo celébrate con algo que te apetezca: un libro, una ducha, un paseo, un baño de espuma, un café contigo…

Y si alguien se atreve a decirte
~ no puedes
~ te lo digo porque te quiero
~ estás mayor para eso
~ bla, bla, bla
recuerda que eso que te dice es porque esta persona
cree que ella no podría; no tú.
¿Recuerdas el refrán de la abuela?

Tanto habla
Juan de Pedro
que dice más de Juan
que de Pedro.

Recuerda que cada uno da y dice lo que lleva dentro
y nada tiene que ver contigo.

Solo ten fe en ti misma y ponte en marcha.
¡Yo sé que puedes!
¿Y tú?
Lo peor lo estás viviendo ahora,
¡pues mírate!
Si este libro está en tus manos,
¿qué prueba más grande quieres?

Llora hasta que te quedes vacía y, cuando termines, ¡levántate y **enséñame de lo que eres capaz!**

Agradecimientos

Doy las gracias a todas las personas que han estado en mi vida en cualquier momento y de cualquier forma.
Unos porque creyeron en mí,
otros porque me acompañaron en momentos de miedo o debilidad, porque me mostraron el camino.
Unos con amor, otros mostrándome lo que nunca querría ser.

Unos que me impulsaron hacia arriba y otros me enseñaron a impulsarme yo misma, unos con palabras de aliento y otros con guerras en mi contra.
Todos ellos han sido de gran ayuda en mi vida porque me enseñaron a vivir y a luchar por lo que quería.
Gracias a todos porque hoy sé quién soy, y también quién no quiero ser.
Y, sobre todo, gracias a Dios porque siempre estuvo en mí y no me permitió alejarme del camino, porque colocó a personas y situaciones en mi vida en el momento adecuado. Gracias por elegirme.

Gracias por darme una madre maravillosa que eligió darme la vida a pesar de sus dudas, sus miedos. Confió en que tú sabías qué era lo correcto y que me protegerías, y que pasaría solo lo que tuviera que pasar. Gracias a los dos, y a mi padre terrenal, que no pudo ser mejor. Me ayudó con su ejemplo diario de lucha, de fe, de que se puede hacer o tener todo lo que uno desee con fe, humildad, amor y dedicación. Que toda nuestra lucha diaria deja de ser lucha cuando lo que sea que tengas que hacer, lo haces con amor y dedicación, sin perder el humor, la sonrisa ni la fe en ti.

Gracias, mamá.

Gracias, papás.

Gracias a todos vosotros, que ya sabéis quiénes sois.

Gracias por dedicarme tiempo.

Gracias, gracias, gracias.